本書の構成

◆本書は、必要な文法力を、効率よく集中的に身につけることをねらいとした問題集です。

◆反復・定着によって文法力を身につけ、古文の学習に役立てるために、次のような構成としました。

活用表の作成など基本的な**〈確認問題〉**→短文を用いた標準的な**〈練習問題〉**

それまでの学習を振り返る**〈総合問題〉**→実際の文章を読み解く**〈演習問題〉**

◆別冊として、詳しい解答解説編（B５判・24ページ・非売品）を用意しています。

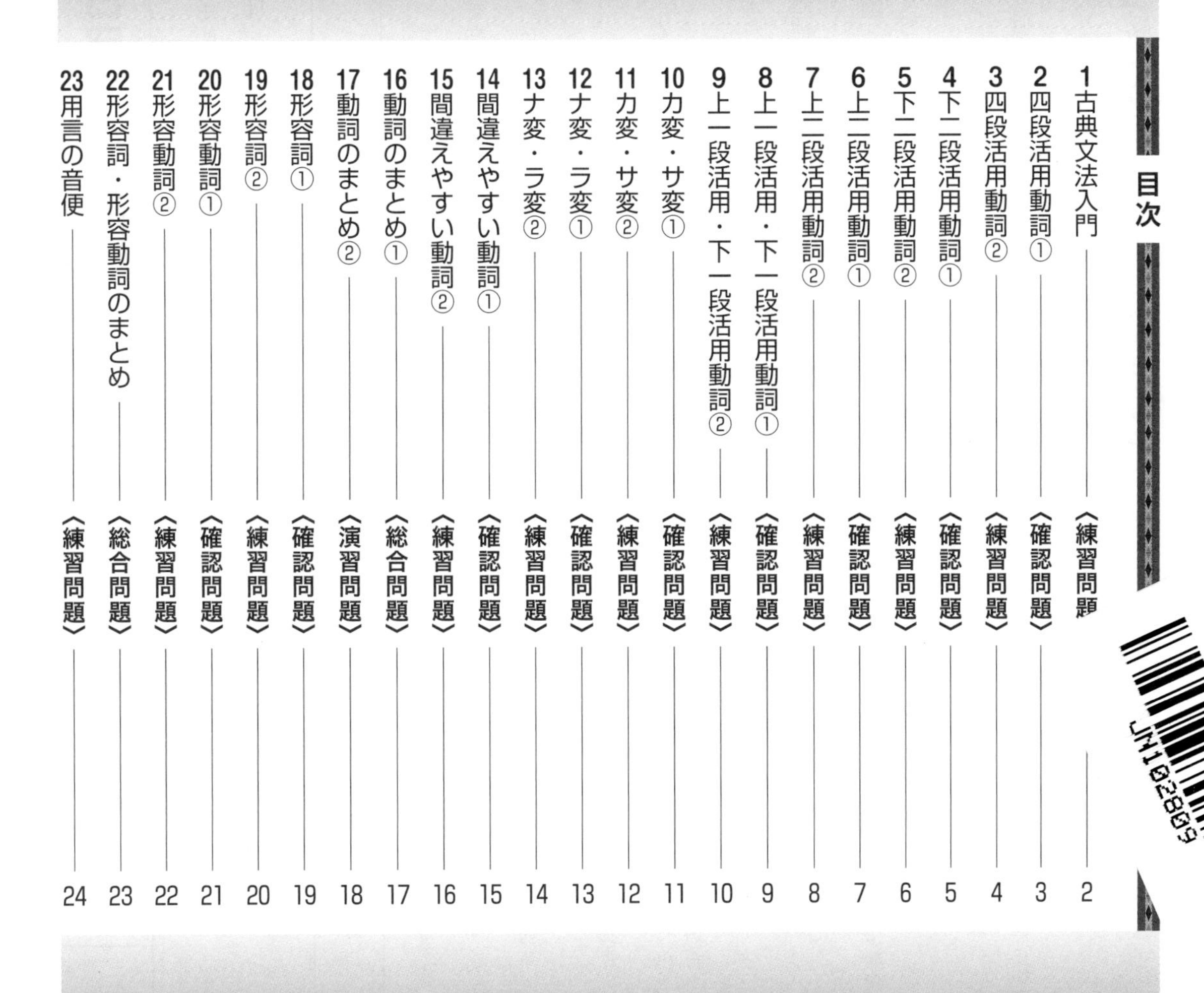

目次

古典文法入門

練習問題

得点　／50

検印

一　次の歴史的仮名遣いの語を、平仮名・現代仮名遣いに改めよ。〈3点×4〉

1 かひあはせ（貝合）　2 ほふえう（法要）　3 ゐど（井戸）　4 ゆづる（譲る）

1	2	3	4

二　次の文を文節に区切り、その区切りに／（斜線）を入れよ。〈5点×2〉

1 上人（しやうにん）の感涙いたづらになりにけり。（徒然草・二三六段）
（いたづらになりにけり：むだになってしまった）

2 久しく行かざりければ、つつましくて立てりけり。（大和物語・一四九段）
（久しく行かざりければ：長らく行かなかったので／つつましくて立てりけり：（男は）気がひけて（門前に）立っていた）

三　次の傍線部の文節（連文節）相互の関係として適当なものを後から選び、記号で答えよ。〈2点×7〉

1 ①武蔵（むさし）の国と下つ総（しもふさ）の国との中に、②いと（たいそう）大きなる③河あり。（伊勢物語・九段）

2 「④いで（さあ）、御消息（せうそこ）聞こえむ（ご挨拶を申し上げよう）。」とて⑤立つ音⑦すれば、⑥帰り給（たま）ひぬ（（源氏は）お帰りになった）。（源氏物語・若紫）

ア 主・述の関係　イ 修飾・被修飾の関係　ウ 接続・被接続の関係
エ 並立の関係　オ 補助・被補助の関係　カ 独立の関係

①	②	③	④	⑤	⑥	⑦

四　次の文を例にならって品詞に分けよ。〈7点×2〉

例　走り（動詞）

1 走り寄りて見れば、このわたりに見知れる僧なり。（徒然草・八九段）
（このわたりに見知れる僧なり：あたりで見知っている僧である）

2 あないみじや、いとあやしきさまを、人や見つらむ。（源氏物語・若紫）
（あないみじや：まあたいへんだわ／人や見つらむ：誰かが見てしまっただろうか）

2 四段活用動詞①

確認問題

得点　／50

検印

一　次の動詞の活用表を完成させよ。〈5点×10〉

基本形	語幹	未然形	連用形	終止形	連体形	已然形	命令形	活用する行
①咲く								
②若やぐ								
③貸す								
④分かつ								
⑤買ふ								
⑥叫ぶ								
⑦恵む								
⑧祈る								
⑨嗅ぐ								
⑩戦ふ								
下に続く主な語		ず・む	たり・て	（終止）	とき・こと	ど・ども	（命令）	

四段活用動詞②

練習問題

得点　　／50

検印

一 次の動詞を適当な活用形に改めよ。〈4点×6〉

1 鏡を恐れて手にだに（手に取ることさえせず）〈①取る〉ず、さらに（全く）人に〈②交はる〉ことなし。（徒然草・一三四段）

2 装束は〈③脱ぐ〉たれども〈④畳む〉人もなかりけり。（古今著聞集・三一九）

3 「〈⑤退（の）く〉。」と〈⑥言ふ〉ど、いらへず（返事をしない）。（御伽（おとぎ）物語・巻一ノ一二）

①	②	③	④

⑤	⑥

二 次の傍線部の動詞の基本形（終止形）と活用する行と活用形を答えよ。〈1点×26〉

1 人にも①語らず、②習はむとも思ひかけず。（更級日記・源氏の五十余巻）

2 これ（狐の襲撃を）を③防ぐ間、狐（きつね）二匹を（刀で）④突く。（徒然草・二一八段）

3 物具（もののぐ）（武具を）脱ぎ捨てて⑤あゆめども、⑥かなはざりけり（歩くことができなかった）。（平家物語・妹尾最期（せのをのさいご））

4 芋頭（いもがしら）（里芋の親芋と）と⑦いふものを⑧好みて、多く⑨食ひけり。（徒然草・六〇段）

	基本形	行	形
①		ラ行	形
②		行	形
③		行	形
④		行	形
⑤		行	形
⑥		行	形
⑦		行	形
⑧		行	形
⑨		行	形

下二段活用動詞①

確認問題

得点　／50

検印

一　次の動詞の活用表を完成させよ。〈5点×10〉

基本形	語幹	未然形	連用形	終止形	連体形	已然形	命令形	活用する行
①駆く								
②曲ぐ								
③痩す								
④慌つ								
⑤詣(まう)づ								
⑥数ふ								
⑦調(しら)ぶ								
⑧攻む								
⑨吠(ほ)ゆ								
⑩優(すぐ)る								
下に続く主な語		ず・む	たり・て	（終止）	とき・こと	ど・ども	（命令）	

下二段活用動詞②

練習問題

得点
／50

検印

一 次の動詞を適当な活用形に改めよ。〈2点×7〉

1 〈①改む〉て益（やく）なきことは、〈②改む〉ぬをよしとするなり。（徒然草・一二七段）

2 病を〈③受く〉ことも、多くは心より〈④受く〉。（徒然草・一二九段）

3 船も〈⑤漕ぎ隠る〉、日も〈⑥暮る〉ども、あやしの臥（ふ）し所（ど）（粗末な寝床へも）へも帰らず。（平家物語・足摺）

4 「強き馬をば上手（うはて）（川上に）に〈⑦立つ〉。弱き馬をば下手（したて）になせ。」（平家物語・橋合戦）

①	②	③	④

⑤	⑥	⑦

二 次の傍線部の動詞の基本形（終止形）と活用する行と活用形を答えよ。〈2点×18〉

1 声を<u>ささげ</u>①（大声を上げて）て泣き悲しみ給ふこと、<u>たとへ</u>②む方なし（たとえようもないほどお気の毒である）。（住吉物語・上）

2 腹汚きにや（いじわるなのだろうか）、<u>告ぐる</u>③人もなし。（枕草子・成信中将は）

3 ここかしこ（あちこち）<u>求むれ</u>④ども、音（消息は）、耳にも<u>聞こえ</u>⑤ず。（大和物語・一六八段）

4 「我を<u>助けよ</u>⑥と思ひて、呼びつるなり。」（宇治拾遺物語・一九六）

		行	形
①		行	形
②		行	形
③		行	形
④		行	形
⑤		行	形
⑥		行	形

6

上二段活用動詞①

確認問題

得点

／50

検印

一 次の動詞の活用表を完成させよ。〈5点×10〉

基本形	語幹	未然形	連用形	終止形	連体形	已然形	命令形	活用する行
①尽（つ）く								
②凪（な）ぐ								
③朽（く）つ								
④怖（お）づ								
⑤用（もち）ふ								
⑥錆（さ）ぶ								
⑦浴（あ）む								
⑧老（お）ゆ								
⑨悔（く）ゆ								
⑩古（ふ）る								
下に続く主な語		ず・む	たり・て	（終止）	とき・こと	ど・ども	（命令）	

上二段活用動詞②

練習問題

得点　／50

検印

一　次の動詞を適当な活用形に改めよ。〈3点×6〉

1 軒のもとに〈①下(お)る〉て、石を取りて、灰のごとくに打ち砕きつ。（十訓抄・第七）
（笛を）

2 つれづれ〈②わぶ〉人は、いかなる心ならむ。（徒然草・七五段）

3 丈六(ぢやうろく)の仏を作れる人、子孫において、さらに悪道に〈③落つ〉ず。（宇治拾遺物語・六三）
（高さ）一丈六尺の

4 〈④しのぶ〉ど、涙ほろほろとこぼれ給ひぬ。（源氏物語・賢木(さかき)）
こらえるのだが

5 「耐へがたからむ折は、売りて〈⑤過ぐ〉。」（宇治拾遺物語・八）
（貧しくて）耐えがたいようなときは　売り食いをして暮らしなさい

6 旧苔(きうたい)道をふさぎ、秋の草門を〈⑥閉づ〉。（平家物語・福原落(ふくはらおち)）
年を経た苔が道をふさぎ

①	②	③	④	⑤	⑥

二　次の傍線部の動詞の基本形（終止形）と活用する行と活用形を答えよ。〈2点×16〉

1 行く所あり、帰る家あり。夕べに寝(い)ねて、朝(あした)に起く。（徒然草・七四段）

2 多能は君子の恥づるところなり。（徒然草・一二二段）

3 帯刀(たてはき)恨むれば、「よし、今御けしき見む。」と言ふ。（落窪物語・巻一）
そのうちにご様子を見て（て手引きし）ましょう

4 この里の人々、とく逃げ退(の)きて命生きよ。（宇治拾遺物語・三〇）

5 道の遠さは八千余里、草も生ひず、水もなし。（平家物語・高野御幸）

6 平家滅びて、いつしか国々静まり、人の通ふも煩ひなし。（平家物語・文之沙汰(ふみのさた)）

	基本形	行	活用形
1		行	終止形
2		行	形
3		行	已然形
4		行	形
5		行	形
6		行	形

8

上一段活用・下一段活用動詞①

確認問題

得点　／50

検印

一　次の動詞の活用表を完成させよ。〈5点×10〉

基本形	語幹	未然形	連用形	終止形	連体形	已然形	命令形	活用する行
①着る								
②似る								
③干る								
④見る								
⑤後見（うしろみ）る								
⑥射る								
⑦鋳る								
⑧居る								
⑨率（ひき）ゐる								
⑩蹴る								
下に続く主な語		ず・む	たり・て	（終止）	とき・こと	ど・ども	（命令）	

9

上一段活用・下一段活用動詞②

練習問題

得点 ／50

検印

一 次の動詞を適当な活用形に改めよ。〈2点×5〉

1 「いづら、猫は。こち〈①率る〉て来。」（更級日記・大納言殿の姫君）

2 汲み干せども〈②干る〉ざりけり。（古今著聞集・三三〇）

3 人を従へ、人を〈③顧みる〉より安し。（方丈記・閑居の気味）
（自分の体を使うのは、）

4 鞠を〈④蹴る〉むと思ふ心つきて、すなはち西より東へ〈⑤蹴る〉て渡りけり。（古今著聞集・四一〇）

①	②	③	④	⑤

二 次の傍線部の動詞の基本形（終止形）と活用する行と活用形を答えよ。〈2点×20〉

1 大きなる鼎立てて、染草色々に①煮る。（宇津保物語・吹上下）

2 ②居たる法師近く呼びてもの言ふ。（堤中納言物語・このついで）

3 半時ばかり③射けれども、答の矢をば④射ざりけり。（義経記・巻五）
（こちらからは）返礼の矢を射なかった

4 つとめて、起きて⑤見れば、雪いみじく降りたり。（讃岐典侍日記・嘉承二年十二月）
翌朝

5 「（雉肉を）炒り焼きなどして⑥試みよ。」（宇治拾遺物語・五九）

6 鬼の頭の方をはたと⑦蹴たりければ、頭の方の黒きものを蹴抜きつ。（今昔物語集・巻二八ノ二九）

	基本形	行	活用形
①	煮る	行	形
②		行	形
③		行	形
④		行	形
⑤		行	形
⑥		行	形
⑦		行	形

カ変・サ変①

確認問題

得点 ／50

検印

一 次の動詞の活用表を完成させよ。〈10点×5〉

基本形	語幹	未然形	連用形	終止形	連体形	已然形	命令形	活用の種類
①来								
②逃げ来								
③す								
④おはす								
⑤難ず								
下に続く主な語		ず・む	たり・て	（終止）	とき・こと	ど・ども	（命令）	

カ変・サ変②

練習問題　得点　／50　検印

一　次の①〜③にはカ変動詞「来」を、④〜⑦にはサ変動詞「す」を、適当な活用形に改めて平仮名で入れよ。〈2点×7〉

1〈 ① 〉む秋は、必ずこの病(やまひ)出づべし。（花月草紙・巻一）

2「確かに召して〈 ② 〉。」と仰せを承りて、率(ゐ)て参るなり。（宇治拾遺物語・一〇二）

3 南面(みなみおもて)に、このごろ〈 ③ 〉人あり。（蜻蛉日記・天禄元年）
　南面に＝南に面した（妹の）部屋に

4 その木の梢(こずゑ)に、叫ぶ声〈 ④ 〉けり。（宇治拾遺物語・一六九）

5 参る音〈 ⑤ 〉ば、逃げ入り、ものなど言ふ。（枕草子・職(しき)の御曹司(みざうし)におはしますころ、木立などの）
　参る音〈 ⑤ 〉ば＝（殿上人が）参上する音がするので

6「説経など〈 ⑥ 〉て世渡るたづきとも〈 ⑦ 〉。」（徒然草・一八八段）
　世渡るたづきとも〈 ⑦ 〉＝生計の手段にもしなさい

①	⑤
②	⑥
③	⑦
④	

二　次の傍線部の動詞の文法的説明を完成させよ。〈6点×6〉

1 泣くほどに、来れば①、さりげなくて、うちそばむきてゐたり。（堤中納言物語・はいずみ）
　泣く＝（女が）　来れば＝（男が）来たので　うちそばむきてゐたり＝横を向いて座っていた

2 風も吹かぬに、この行く舟の、こなたへ寄り来②。（宇治拾遺物語・三六）
　吹かぬに＝吹かないのに

3 身死して③財(たから)残ることは、智者のせ④ざるところなり。（徒然草・一四〇段）

4 刑の疑はしきをば軽(かろ)んぜよ⑤。功の疑はしきをば重んぜよ。（平家物語・小教訓(こけうくん)）

5 人の影見えければ、「またおはする⑥は誰(た)そ。」と問ふ。（源氏物語・空蟬(うつせみ)）

①	[　　]行変格活用動詞「[　　]」の[　　]形。
②	[　　]行変格活用動詞「[　　]」の[　　]形。
③	[　　]行変格活用動詞「[　　]」の[　　]形。
④	[　　]行変格活用動詞「[　　]」の[　　]形。
⑤	[　　]行変格活用動詞「[　　]」の[　　]形。
⑥	[　　]行変格活用動詞「[　　]」の[　　]形。

ナ変・ラ変①

確認問題

得点 ／50

検印

一 次の動詞の活用表を完成させよ。〈10点×5〉

基本形	語幹	未然形	連用形	終止形	連体形	已然形	命令形	活用の種類
①死ぬ								
②いぬ								
③あり								
④居り								
⑤侍り								
下に続く主な語		ず・む	たり・て	（終止）	とき・こと	ど・ども	（命令）	

ナ変・ラ変②

練習問題

得点　／50

検印

一　次の①～③にはナ変動詞「死ぬ」を、④～⑦にはラ変動詞「あり」を、適当な活用形に改めて入れよ。〈5点×7〉

1 樹(き)の枝に取り懸(さが)りて〈 ① 〉むとしき。（古事記・垂仁天皇）

2 手を合はせ西に向かひて〈 ② 〉たりけり。（閑居友・上ノ一一）

3 知らず、生まれ〈 ③ 〉人、いづ方より来たりて、いづ方へか去る。（方丈記・ゆく川の流れ）

4 例の(普通の)猫には〈 ④ 〉ず、聞き知り顔に、あはれなり。（更級日記・大納言殿の姫君）

5 御返し〈 ⑤ 〉(ご返歌があるのだが)ど、本になしと〈 ⑥ 〉(書写の原本に「返歌なし。」と書いてある)。（大和物語・九五段）

6「法師になりて、夜昼離れずつきて〈 ⑦ 〉(（私に）付き従っていなさい)。」（宇治拾遺物語・七八）

①	②	③	④

⑤	⑥	⑦

二　次の傍線部の動詞の文法的説明を完成させよ。〈3点×5〉

1 つひにはその毒のゆゑに死ぬれども、たちまちにその庭に射伏することはえせず(すぐにその場で（虎を）射倒すことはできない)。（宇治拾遺物語・一五五）

2 いみじう憎ければ、笑ひ憎みて、「往ね、往ね。」と言ふ。（枕草子・職の御曹司におはしますころ、西の廂に）

3 黒鳥(くろとり)といふ鳥、岩の上に集まり居り。（土佐日記・一月二十一日）

4 立ち交じる人侍るとき(人がおりますときは)は、音もせさせ給はず。（源氏物語・橋姫）

5 その帝の皇女(みこ)、崇子(たかいこ)と申す、いまそがりけり。（伊勢物語・三九段）

1	［　］行変格活用動詞「［　］」の［　］形。
2	［　］行変格活用動詞「［　］」の［　］形。
3	［　］行変格活用動詞「［　］」の［　］形。
4	［　］行変格活用動詞「［　］」の［　］形。
5	［　］行変格活用動詞「［　］」の［　］形。

間違えやすい動詞①

確認問題

得点　／50

検印

一　次の動詞の活用表を完成させよ。〈5点×5〉

基本形	語幹	未然形	連用形	終止形	連体形	已然形	命令形	活用の行・種類
①鋳る								
②報ゆ								
③肥ゆ								
④居る								
⑤飢う								
下に続く主な語		ず・む	たり・て	（終止）	とき・こと	ど・ども	（命令）	

二　次の動詞の活用表を完成させよ。〈5点×5〉

基本形	語幹	未然形	連用形	終止形	連体形	已然形	命令形	活用の行・種類
①す								
②得								
③寝								
④経								
⑤来								
下に続く主な語		ず・む	たり・て	（終止）	とき・こと	ど・ども	（命令）	

間違えやすい動詞②

練習問題

得点 ／50

検印

一 次の動詞を適当な活用形に改めて、平仮名で入れよ。〈2点×7〉

1 盛んなるとき学せざれば、〈①老ゆ〉てのち〈②悔ゆ〉ものなり。（伊曽保物語・下巻ノ一）

2 たとひ広く作れりとも、誰(たれ)を宿し、誰をか〈③据う〉む。（方丈記・閑居の気味）

3 (財宝を)求むれども、〈④得〉ことなし。（宇治拾遺物語・一五四）

4 (夫と離別して)夫に相別(あひわか)れて、〈⑤恨む〉、恋ふること、年を〈⑥経〉たりき。（万葉集・三八一一詞書）

5 〈⑦寝〉所にもあらで、夜は明かしてけり。（蜻蛉日記・天禄元年十二月）

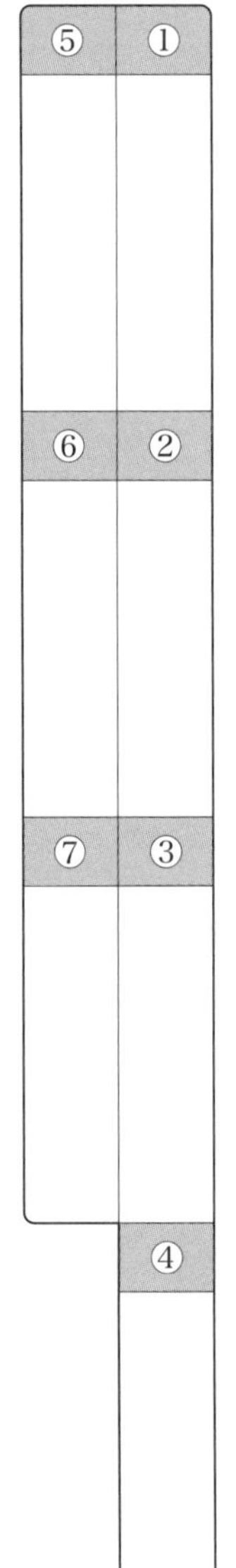

二 次の傍線部の動詞を文法的に説明せよ。〈6点×6〉

1 馬を射て、落ちむ所を寄せて組め。（平治物語・中巻）

2 おびゆれど、顔に衣のさはりて、音にも立てず。（源氏物語・帚木）

3 「いかなることにか。」と心得ず、あさまし。（宇治拾遺物語・四七）

4 昔、衰へたる家に、藤の花植ゑたる人ありけり。（伊勢物語・八〇段）

5 (法会の警護に)兵(つはもの)を用ゐむこと、穏やかならぬことなり。（徒然草・六三段）

6 小女子(こをんなご)どもの二人ありけるをば、「……何(何でもいいから)も取りて来。」とて、出だしやりつ。（宇治拾遺物語・一〇九）

1	2	3	4	5	6

16 動詞のまとめ①

総合問題

得点　　／50

検印

一 次の表の空欄を埋め、覚えておくべき動詞の一覧を完成させよ。〈22点〉

活用の種類	動詞
上一段	〔　〕〔　〕〔　〕〔　〕
	〔　〕〔　〕〔　〕〔　〕
	〔　〕〔　〕〔　〕〔　〕など
下一段	〔　〕
カ変	来
サ変	〔　〕おはす
ナ変	〔　〕往ぬ（去ぬ）
ラ変	〔　〕〔　〕
	〔　〕いまそかり

活用の行・種類	動詞
ヤ行上一段	〔　〕〔　〕
ワ行上一段	〔　〕〔　〕
〔　〕	植う　飢う　据う
〔　〕	得　心得　所得
〔　〕	老ゆ　悔ゆ　報ゆ

二 次の各文から動詞をすべて抜き出し、文法的に説明せよ。〈28点〉

1 「恨めしく我をば煮て、辛(から)き目を見するものかな。」と言ひけり。（豆が）（徒然草・六九段）

2 子どもを助けむとすれば、老いたる親を失ふべし。（義経記・巻一）

1	2

動詞のまとめ②

演習問題

得点　／50

検印

一 次の『古今著聞集』の文章を読んで、あとの問いに答えよ。

豊前（ぶぜん）の国の住人太郎入道といふ者ありけり。男なりける（（まだ）出家していなかったとき）とき、①常に猿を射けり。ある日山を過ぐる（通り過ぎる）に、大猿ありければ、木に追ひ登せて（追い立てて登らせて）射たりけるほどに、②あやまたず、かせぎに射てけり（木のまたに（大猿を）射貫いた）。すでに（今にも）木（と）より落ちむとしけるが、何とやらん（何であろうか）、物を（何かを）木のまたに置くやうに［Ⅰ］を見れば、子猿なりけり。おのが傷を③おひて土に落ちむと（落ちそうになったが）［Ⅱ］ば、子猿を④おひたるを助けむとて、木のまたに⑤据ゑむとしけるなり。子猿はまた、母に⑥つきて離れじ（離れまいとした）としけり。かくたびたびすれども、なほ子猿⑦つきければ、もろともに地に落ちにけり。それより長く、猿を射ることをば⑧とどめてけり。（七一七）

1 傍線部①「常に猿を射けり。」について、(1)動詞を抜き出し、(2)これと活用の種類が同じ動詞を含む一文節を抜き出せ（傍線部と同じ動詞は不可）。〈4点×2〉

2 空欄Ⅰ・Ⅱに、動詞「す」を適当な活用形に改めて入れよ。〈4点×2〉

3 傍線部③・④の「おひ」、⑥・⑦の「つき」の文法的説明として適当なものを、それぞれア〜ウから選べ。〈4点×2〉

おひ　ア 四段活用動詞「追ふ」　イ 四段活用動詞「負ふ」　ウ 上一段活用動詞「老ひる」

つき　ア 四段活用動詞「付く」　イ 下二段活用動詞「付く」　ウ 四段活用動詞「突く」

4 傍線部②「あやまたず」、⑤「据ゑむと」、⑧「とどめてけり」から動詞を抜き出し、それぞれ文法的に説明せよ。〈6点×3〉

5 本文中に上二段活用動詞が二つある。抜き出して終止形で示せ（同じ動詞は不可）。〈4点×2〉

1		2		3		4			5
(1)	(2)	Ⅰ	Ⅱ	おひ	つき	②	⑤	⑧	

形容詞①

確認問題

得点　／50

検印

一　次の形容詞の活用表を完成させよ。〈10点×5〉

基本形	語幹	未然形	連用形	終止形	連体形	已然形	命令形	活用の種類
①短し								活用
②すごし								活用
③恋し								活用
④懐かし								活用
⑤同じ								活用
下に続く主な語		は・ず	なる・けり	（終止）	とき・べし	ど・ども	（命令）	

形容詞②

練習問題

得点　／50

検印

一 次の形容詞を適当な活用形に改めよ。〈2点×7〉

1 折節北風〈①激し〉て、磯打つ波も〈②高し〉けり。（平家物語・那須与一）

2 今はかやうの交らひ〈③はしたなし〉、〈④苦し〉ど、いかがせむ。（とりかへばや物語・巻二）
（どうしようもない）

3「〈⑤よろし〉は参り給へ。」（源氏物語・浮舟）
（もしご気分が悪くないなら参内なさいませ）

4〈⑥いやし〉に慣れて、〈⑦いみじ〉べきことをつゆ知らず。（一休ばなし・六）
（貧しい暮らしに）（すばらしいにちがいない（仏法の）ことを全く知らない）

①	⑤
②	⑥
③	⑦
④	

二 次の傍線部の形容詞の文法的説明を完成させよ。〈4点×9〉

1 一重なるが①とく咲きたるも、重なりたる紅梅の匂ひ②めでたきも、みな③をかし。（徒然草・一三九段）
（梅は、）

2 文やるに、④憎からず返り事はしながら、あふことは⑤なかりけり。（宇治拾遺物語・五〇）
（⑥手紙を送ると）

3「ものさわが⑥しくたづねとぶらひ給ふこと⑦なかれ。」（閑居友・上ノ一一）

4 糧⑧乏しければ、おろそかなる報いを⑨甘くす。（方丈記・閑居の気味）
（食べ物が）（粗末な自然の恵みも）

①	〔　〕活用形容詞「　」の〔　〕形。
②	〔　〕活用形容詞「　」の〔　〕形。
③	〔　〕活用形容詞「　」の〔　〕形。
④	〔　〕活用形容詞「　」の〔　〕形。
⑤	〔　〕活用形容詞「　」の〔　〕形。
⑥	〔　〕活用形容詞「　」の〔　〕形。
⑦	〔　〕活用形容詞「　」の〔　〕形。
⑧	〔　〕活用形容詞「　」の〔　〕形。
⑨	〔　〕活用形容詞「　」の〔　〕形。

20

形容動詞①

確認問題

得点 ／50

検印

一 次の形容動詞の活用表を完成させよ。〈10点×5〉

基本形	語幹	未然形	連用形	終止形	連体形	已然形	命令形	活用の種類
①まれなり								活用
②のどかなり								活用
③心細げなり								活用
④洋々たり								活用
⑤敢然たり								活用
下に続く主な語		ず	けり なる・して	（終止）	とき	ど・ども	（命令）	

21 形容動詞②

練習問題

得点 ／50

検印

一 次の形容動詞を適当な活用形に改めよ。〈2点×7〉

1 病人とてもまた〈①おろかなり〉ず。（おろそかにできない）（発心集・巻四ノ四）

2 天下〈②安全なり〉、国土〈③豊かなり〉けりとぞ（いふ）。（安全で）（宇治拾遺物語・九二）

3 屋〈④大きなり〉ども、人のありげもなし。（屋敷は／人のいる気配もしない）（宇治拾遺物語・八）

4 〈⑤恐ろしげなり〉声にて、「天の下の顔よし。」と呼ぶ。（天下一品の美男よ）（宇治拾遺物語・一一三）

5 蒼海（そうかい）〈⑥漫々たり〉して、岸打つ浪（なみ）も〈⑦茫々（ばうばう）たり〉。（果てしなく広がって／見渡す限り続いている）（平家物語・海道下（かいだうくだり））

①	②	③
④	⑤	⑥
⑦		

二 次の傍線部の形容動詞の文法的説明を完成させよ。〈6点×6〉

1 少将いみじく①心地よげにて笛を吹く。（今昔物語集・巻二四ノ三九）

2 己②素直ならねど、人の賢を見てうらやむは、③尋常なり。（自分が素直でないのに／他人の賢さを）（徒然草・八五段）

3 天下無双の才人を、④峨々（がが）たる山の巌（いはほ）より、取つて下に押し落とす。（そびえたった山の大きな岩から）（伊曽保物語・中巻ノ九）

4 王宮の体（てい）を見るに、外郭⑤渺々（べうべう）として、その内⑥曠々（くわうくわう）たり。（様子を／外囲いははるかに続いて／広々としている）（平家物語・慈心房）

①	［　　］活用形容動詞「［　　］」の［　　］形。
②	［　　］活用形容動詞「［　　］」の［　　］形。
③	［　　］活用形容動詞「［　　］」の［　　］形。
④	［　　］活用形容動詞「［　　］」の［　　］形。
⑤	［　　］活用形容動詞「［　　］」の［　　］形。
⑥	［　　］活用形容動詞「［　　］」の［　　］形。

形容詞・形容動詞のまとめ

総合問題

得点　／50

検印

一　次の各文から形容詞・形容動詞をすべて抜き出し、文法的に説明せよ。〈42点〉

1 見上ぐれば、はるかに高き岸なり。（宇治拾遺物語・八七）

2 財（たから）あれば恐れ多く、貧しければ恨み切（せち）なり。（方丈記・元暦の大地震（おほなゐ））

3 思ひ澄まして静かに描き給へるは、たとふべき方なし。（源氏物語・絵合（えあはせ））

1	2	3

二　形容詞・形容動詞の語幹用法に注意して、次の傍線部を口語訳せよ。〈2点×4〉

1 法師「あら、たふと。」と言ひて、手をすりて額に当てて、立ち走りぬ。（宇治拾遺物語・一二六）

2 希有（けう）の人かなと思ひて、十余町ばかり具して行く。（宇治拾遺物語・二八）

3 思ひかね妹がり行けば冬の夜の川風寒み千鳥鳴くなり（拾遺集・二二四）
　（思ひかね妹がり行けば：恋しい思いに耐えかねて愛する人のもとへ行くと／鳴くなり：鳴くようだ）

4 風をいたみ岩うつ波のおのれのみ砕けて物を思ふころかな（詞花集・二一一）
　（岩うつ波のおのれのみ砕けて物を思ふころかな：ひとりでに砕け散るように、自分だけが心を砕いてもの思いをするころだよ）

1	3

2	4

用言の音便

練習問題

得点 ／50

検印

一 傍線部の動詞の音便形について、(1)音便の種類と、(2)もとの形を答えよ。〈2点×10〉

1 蟻(あり)これ(この枝に)に乗つて渚に上がりぬ。（伊曽保物語・下巻ノ八）

2 矢負うて、いまだ弓を持たぬもあり。（平家物語・烽火之沙汰(ほうくわのさた)）

3 跳んで出で見ければ、煙と炎は上がりけり。（義経記・巻五）

4 ありつる人ぞと(さっきの人だなと)思ひ、またしたたかに(思い切り)こそ突いたりけれ。（義経記・巻三）

5 道来る人、「この野は盗人(ぬすびと)あなり。」とて、火つけむとす。（伊勢物語・一二段）

	(1)	音便	(2)
1	(1)	音便	(2)
2	(1)	音便	(2)
3	(1)	音便	(2)
4	(1)	音便	(2)
5	(1)	音便	(2)

二 次の各文から、形容詞・形容動詞の音便形を抜き出し、例にならって文法的に説明せよ。〈6点×5〉

1 家内富貴(けないふつき)して(富み栄えて)、たのしいことなのめならず(裕福なことはなみひととおりでない)。（平家物語・祇王）

2 おどろきて見れば、いみじうをかしげなる猫あり。（更級日記・大納言殿の姫君）

3「近かんなり。呼べ。」と言へば、この男帰り入りて、呼びて来たり。（宇治拾遺物語・一一〇）

4 かの崎はまだいと遠かめり。（蜻蛉日記・天禄六年六月）

5 こよなく御心も晴れ晴れしげなめりかし。（源氏物語・御法(みのり)）

例	なのめなん――ナリ活用形容動詞「なのめなり」の連体形「なのめなる」の撥音便。
1	
2	
3	
4	
5	